Freude schenken –
Sei ein Licht in dieser Welt

Anselm Grün

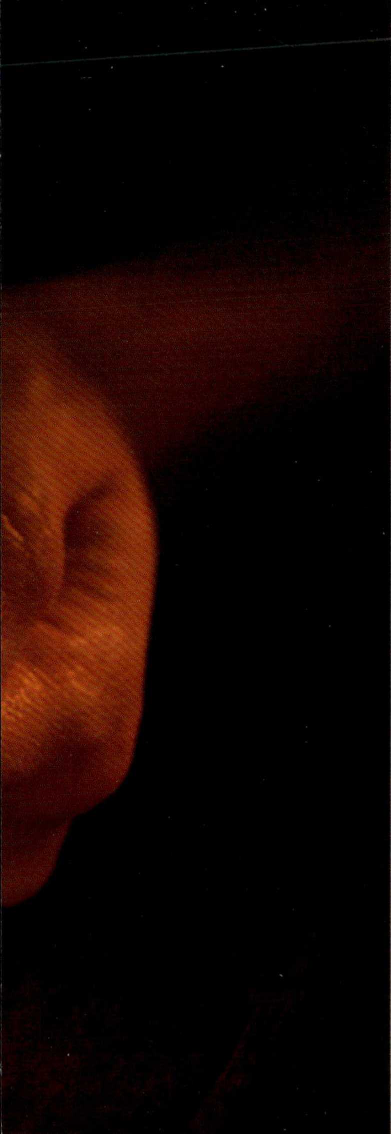

Jesus ist das Licht,
das unsere dunklen
Stimmungen
aufhellen möchte.

Wer schaut, der ist frei.
Er macht sich nicht
abhängig von anderen,
die ihm etwas erzählen.
Er geht selbst hin, um
mit eigenen Augen zu
schauen.

Wer von Christus erfüllt ist,
der hat eine Ausstrahlung,
die den Menschen guttut.
Er strömt etwas von der
Liebe aus, die der Heilige
Geist in ihm ausgegossen
hat.

Musik öffnet ein
Fenster zum
Himmel.
In der Musik
übersteigen wir
immer diese
Welt und reichen
hinein in die
Welt Gottes.

Der wahre Sinn meines Lebens besteht für mich darin, dass ich das einmalige Leben lebe, das Gott mir zugedacht hat, dass ich das Bild, das Gott sich von mir gemacht hat, in dieser Welt zum Leuchten bringe, dass ich Gott selbst in meiner Einmaligkeit zum Ausdruck bringe.

Für mich ist die
Quelle aus der
ich schöpfe,
die Quelle des
Heiligen Geistes.
Wenn ich aus
dieser Quelle
schöpfe, dann
fließt das Leben.

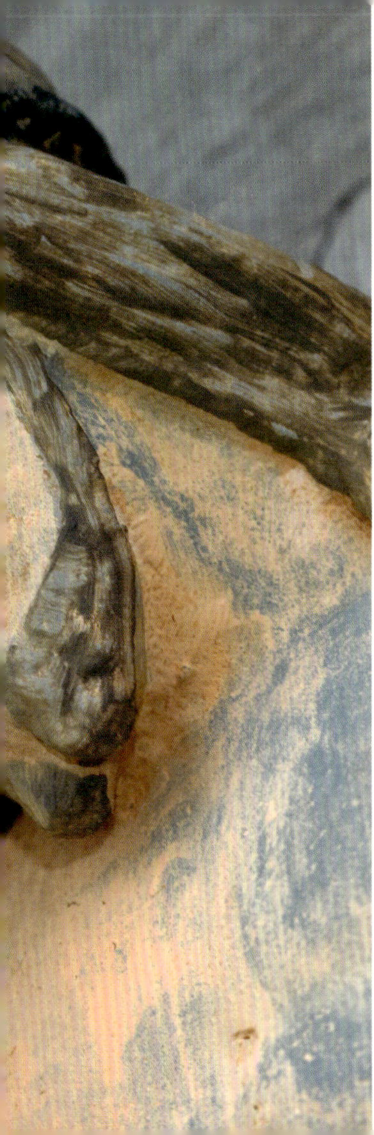

Durch die Worte der Bibel will Gottes Geist in mein Herz eindringen.
Wenn ich lange genug ein Wort der Schrift meditiere und auch im Alltag mit mir herumtrage, wird es langsam mein Denken und Handeln prägen.
Es wird meine Stimmung verwandeln und mich mit der Liebe Gottes erfüllen, die in diesem Wort zum Ausdruck kommt.

Wenn ich aus der inneren Quelle lebe, dann blüht etwas um mich herum auf, mein Leben kommt in Fluss. Es trägt Frucht für mich selbst und für die Menschen, und zwar eine dauerhafte Frucht, die andere nährt und erfreut.

Jeder Mensch
sehnt sich danach,
geliebt zu werden
und selbst zu lieben.

Öffne dein Herz und
versuche, mit allen
Fasern deines Herzens
auf Gottes Kommen
zu warten.
Und vertraue darauf,
dass Gottes Kommen
deine Erwartungen
erfüllt.

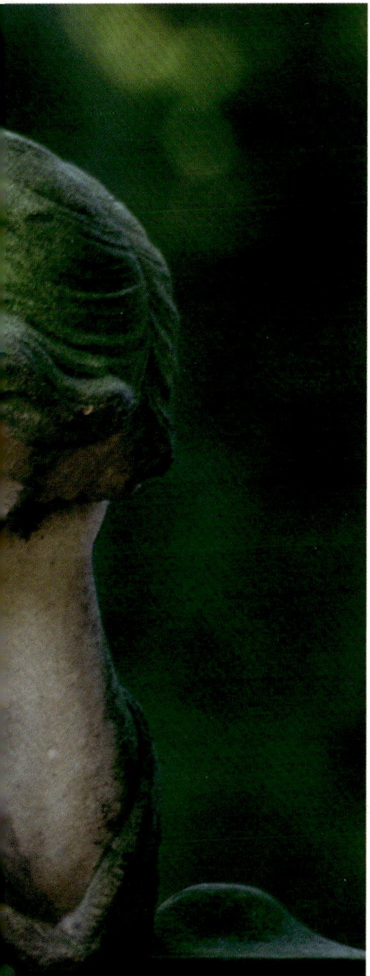

Wir sind umgeben von Engeln, die in unserem Herzen das Lob Gottes erklingen lassen, die uns erahnen lassen, dass der Gott in der Höhe auch bei uns auf der Erde ist und uns seinen Frieden schenken möchte.

Vergebung ist ein Akt der Befreiung.

Am Horizont unseres Herzens leuchtet ein Stern. Der heißt uns, immer weiter zu wandern, unserer Sehnsucht zu folgen, bis sie uns zu dem Haus führt, in dem Maria und das Kind sind, zu dem Haus, in dem wir wahrhaft zu Hause sind.

Wo Menschen mit Freude
ihren Alltag leben,
da öffnen sie den
Himmel über allen,
denen sie begegnen.

Gott richtet uns immer
wieder auf und lässt
uns losgehen,
damit wir unseren
Weg in seine Weite
und Freiheit finden.

Die aufgehende Sonne ist das Bild für Gottes Licht, das alle Dunkelheit vertreibt.

Gott ist nicht fern,
sondern der, der
uns an die Hand
genommen hat.

Freude weitet das Herz
und öffnet uns für
die Begegnung mit
den Menschen.

Am Abend dankbar vor Gott
und in Gott auszuruhen,
das erfüllt mich mit Freude.

Wer im Haus der Liebe wohnt, vermag auch anderen Menschen ein bergendes Dach anzubieten.

Das Gebet heilt,
weil es uns mit
Gott verbindet.

Wenn wir uns von Gottes Liebe durchdringen lassen, dann hellt sich unsere Dunkelheit auf.

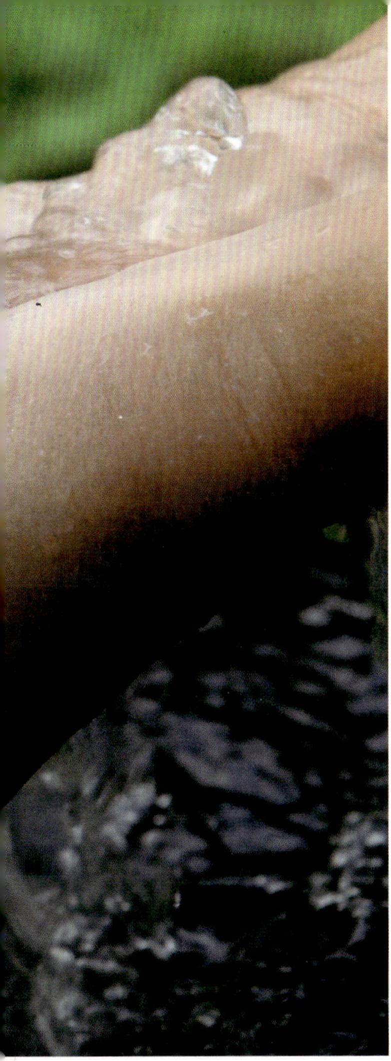

Guter Gott, dein Heilger Geist durchdringe und stärke uns. Er sei die Quelle, aus der wir schöpfen. Er sei die Glut, die in uns brennt und uns mit Liebe erfüllt. Er befruchte alles, was wir heute aussäen in Wort und Tat.

Die Texte sind entnommen aus folgenden Veröffentlichungen von Anselm Grün:
„Momente des Glücks 2011", „Mit allen Sinnen Gott erfahren", „Gute Besserung",
„Ich bin müde", „Spiritualität", „Stille Wege im Advent", „Vaterunser",
„Gesegnete Weihnachten", „Segne deinen Tag"

Alle Abbildungen von Fotolia:
Coverfoto Ramona Heim, S. 2/3 fredredhat, 4/5 Wilm Ihlenfeld, 6/7 steschum,
8/9 Tjefferson, 10/11 sunset man, 12/13 WONG SZE FEI, 14/15 fotodesign-jegg.de,
16/17 M. Johannsen, 18/19 Bernd_Leitner, 20/21 Bernd S., 22/23 Martina Berg,
24/25 francovolpato, 26/27 VRD, 28/29 Netzer Johannes, 30/31 peppi18,
32/33 photo-dave, 34/35 photo-dave, 36/37 Jean Kobben, 38/39 AV, 40/41 Carson Liu,
42/43 Alexander Boldt, 44/45 lassedesignen, 46/47 jiri jura

www.komet-verlag.de
Gesamtherstellung: KOMET Verlag GmbH, Köln

ISBN 978-3-86941-236-8